AF509783

NOTES

REMISES

A MESSIEURS LES DÉPUTÉS COMPOSANT LA COMMISSION

DE LA

LOI SUR LA PROPRIÉTÉ LITTÉRAIRE

PAR M. DE BALZAC.

Prix : 1 franc.

PARIS,

J. HETZEL ET PAULIN.

1841

NOTES

REMISES

A MESSIEURS LES DÉPUTÉS COMPOSANT LA COMMISSION

DE LA

LOI SUR LA PROPRIÉTÉ LITTÉRAIRE,

PAR M. DE BALZAC.

MESSIEURS,

En me présentant devant vous, je me présentais avec la Commission nommée par le comité de la Société des gens de lettres, j'étais investi d'un mandat et ne parlais pas en mon propre nom. Sans qu'on puisse me taxer d'outrecuidance, car il y en aurait à vouloir éclairer une assemblée, je crois qu'il est nécessaire qu'une protestation soit faite et subsiste en faveur du Droit de propriété absolue. D'ailleurs, n'y a-t-il pas des précédents, et les intérêts attaqués ne se sont-ils pas souvent expliqués devant la Chambre? Enfin ceux qui ont étudié certaines questions à fond, ne peuvent-ils donner les raisons d'une opinion plus large que celle professée par les organes du Gouvernement? Je vais plus loin : dans la situation des classes lettrées, vous exposer la question et formuler nettement nos demandes est un devoir. Si nous succombions, les écrivains à venir ne doivent pas reprocher à ceux qui possédaient et la faculté d'écrire et la bienveillance publique d'avoir succombé dans le silence. Peut-être aussi devez-vous savoir tout ce que notre defaite sur un principe si grave, et dans une cause si sacrée, coûtera au Droit public et à la Raison Humaine.

Je sais que des hommes illustres du temps présent pensent qu'il est peu convenable de défendre ce qui ne doit pas être attaqué. Selon eux, la pensée est au-dessus des mœurs, des lois, des législateurs et des empires ; elle est chargée de les juger, et elle les juge. Les bons écrivains, les grands poëtes, qui sont la raison vivante de l'humanité, doivent se laisser frapper sans se plaindre. Mais ce qui était très beau entre sénateurs romains et les Gaulois, n'est pas applicable à la crise actuelle. Nous ne comptons pas d'ennemis parmi les députés, et je crois aux dispositions bienveillantes du ministre qui présente la loi et de la Commission qui l'examine. Je pense que le ministre, la Commission, et peut-être la Chambre ne demandent pas mieux que d'être entraînés vers le Droit et l'Équité.

Je demande donc l'assimilation absolue de la propriété littéraire à la propriété telle qu'elle est définie par le Code civil.

J'espère vous prouver que cette assimilation, conforme à la législation antérieure, au droit public, à l'équité, donne les résultats les plus favorables et pour l'industrie et pour le public. Dans cette hypothèse, qui va devenir une vérité, quand même cette assimilation serait une dérogation au Droit Commun, l'intérêt commercial et l'intérêt public bien entendus, exigeraient cette mesure, qui, je le répète, ne sera qu'un retour à l'ancienne loi, et au droit éternel des nations : la Justice.

N'oubliez pas, Messieurs, qu'en ce moment la propriété, telle que le Code civil l'a constituée en continuant le droit romain, féodal et coutumier, que ses rédacteurs ont voulu mettre en harmonie avec une nouvelle civilisation, est l'objet des plus violentes attaques de la part de publicistes qui appartiennent à plusieurs Doctrines religieuses ou néo-sociales. En ce moment donc, soumettre la propriété littéraire à une concession temporaire, ce sera donner un premier avantage aux adversaires de la propriété qui s'en armeraient, n'en doutez pas?

Établissons un premier fait.

La seule atteinte que la propriété littéraire ait reçue est sa confiscation par les lois de 1791 et de 1793, contre lesquelles il a été impossible de réclamer. Tout le monde sait comment alors on fermait la bouche aux réclamants.

Avant 1789, la propriété littéraire était héréditaire dans les familles comme toute autre propriété, aux termes de l'arrêt du Conseil de 1777, enregistré au parlement de Paris, l'Avocat-Général Séguier portant la parole.

Quoique l'Édit de Louis XVI soit rapporté dans l'ouvrage de monsieur Renouard, je crois éviter des recherches aux membres de la Chambre, en rapportant ici l'arrêt et l'un des fragments du réquisitoire.

« Le roi s'étant fait rendre compte, etc.

» A reconnu que LE PRIVILÉGE en librairie est une grâce *fondée en justice,* et qui a pour objet, si elle est accordée à l'auteur, de récompenser son travail ; si elle est obtenue par un libraire, de lui assurer le remboursement de ses avances et l'indemnité de ses frais ;

« Que l'auteur a sans doute un *droit assuré* à une grâce plus étendue ;

« Que la perfection de l'ouvrage exige qu'on en laisse jouir le libraire pendant la vie de l'auteur ; mais, accorder un plus long terme, ce serait accorder le monopole, ce serait enfin laisser subsister la source des abus et des contrefaçons.

« ARTICLE PREMIER. — Aucun libraire et imprimeur ne pourront imprimer et faire imprimer aucuns livres nouveaux sans en avoir obtenu préalablement LE PRIVILÉGE.

« ART. 3. — Les priviléges seront de dix années.

« ART. 4. — Ceux qui auront obtenu des priviléges en jouiront non-seulement pendant tout le temps qui y sera porté, *mais encore pendant la vie des auteurs,* en cas que ceux-ci survivent à l'expiration du privilége.

« ART. 5. — Tout auteur qui obtiendra *en son nom* le privilége de son ouvrage, aura le droit de le vendre chez lui, et jouira de son privilége, pour lui *et ses hoirs,* A PERPÉTUITÉ, pourvu qu'il ne le rétrocède à aucun libraire.

« ART. 6. — Tout libraire et imprimeur pourront obtenir, après l'expiration du privilége d'un ouvrage et la mort de son auteur, une permission d'en faire une édition, sans que la même permission, accordée à un ou plusieurs, puisse empêcher aucunement d'en obtenir une semblable. »

« Jusqu'au dix-septième siècle, dit l'Avocat-Général Séguier, nous ne « trouvons aucune ordonnance, aucun arrêt, aucune loi, dans laquelle « *la propriété des auteurs* ait été reconnue ou contestée ; il paraît qu'elle « n'avait pas été mise en problème. Dans le dix-septième siècle, on com-

« mença à sentir le droit de propriété, *et on le reconnut dès que les au-*
« *teurs le réclamèrent,* car cette propriété est incontestable : elle n'est
« pas même contestée. Disons mieux, elle est reconnue, elle est consa-
« crée aujourd'hui, et l'auteur a droit de jouir de ses ouvrages, lui et
« toute sa descendance, ses héritiers et ayant-cause. »

Ainsi, en 1777, l'Arrêt du Conseil, enregistré au Parlement, assurait
aux auteurs la jouissance de leurs ouvrages pour eux et leur descendance à perpétuité.

L'ordonnance de 1571, en obligeant le libraire à justifier de son droit
de propriété d'un ouvrage quand il en réclamait le privilége, empêchait
qu'on pût imprimer quoi que ce soit sans le consentement des auteurs.

Enfin le règlement de 1723 prononçait des peines corporelles contre
les contrefacteurs.

Assurément ces trois dispositions élevaient, à cette époque, la propriété littéraire à toutes les conditions de la propriété territoriale et mo-
bilière.

Je mentionne ces trois lois, l'une de 1571, l'autre de 1723, et la
dernière de 1777, car elles servent à expliquer la crise actuelle.

Vous voyez déjà, Messieurs, pourquoi la Constituante détruisit au lieu
de fonder. Égarée par ces mots *privilége* et *grâce*, émanant du souverain,
elle supprima ces trois arcs-boutants de la propriété littéraire, et, tout
en voulant en faire une propriété *sui generis*, elle la confisqua. Pourquoi ?

Messieurs, au moment où s'élaborait cette loi, l'Assemblée Constituante était passée de la Nationalité à l'Humanité. Elle ne voyait plus
les Français, elle embrassait les Peuples, elle flattait le Monde. Le Droit
fut alors immolé à des peuples qui ne sauront jamais le français et qui ne
liront jamais nos auteurs. On avait déclaré « *la presse libre et tous les
privilèges abolis*, on voulut être conséquent. J'ose dire que la plupart des membres de l'Assemblée, poussés par l'énergie aveugle avec
laquelle on poursuivait *le privilége*, savaient à peine le mal qu'ils fai-
saient et à la Librairie et au Droit Commun. Aussi qu'arriva-t-il ? L'Assemblée rendit un décret où il fallut, pour être conséquent, publier ces
étranges théorèmes de science morale :

« Tout auteur, en publiant un ouvrage, le livre entièrement au pu-
« blic ; le public l'accepte ou le rejette à son gré ; là doit finir tous
« leurs rapports, puisque c'est une donation répudiée ou acceptée irré-
« vocablement. »

Puis, reculant devant ce Droit Sauvage, la même Assemblée décrète :

« Que s'il était convenable de conserver à un auteur le droit de disposer
« de son ouvrage pendant sa vie, c'était une exception, et qu'il ne *fal-*
« *lait jamais méconnaître qu'un ouvrage publié est de sa nature pro-*
« *priété publique.* »

Messieurs, rapporter de pareils considérants, n'est-ce pas en faire justice? Choisissons dans les non-sens qui découlent de la propriété des œuvres de l'esprit humain ainsi entendue?

1° Qu'advient-il des donations refusées? Quoi ! les auteurs incompris auraient alors l'entière propriété de leurs œuvres? Il vaudrait mieux, pour ses héritiers, faire un ouvrage répudié qu'un ouvrage accepté.

2° Tout ce qu'un *auteur* livre au public devient propriété publique.

Comme les œuvres de l'esprit créateur affectent toutes les formes, un bas-relief rentre dans la création artiste : il y a contrat entre le propriétaire qui livre à la vue publique des façades comme celles de la maison dorée du boulevard des Italiens. Sous l'empire de ce droit, un propriétaire ne pourrait plus démolir pour refaire une maison plus productive que la sienne, s'il y avait lieu.

5° Il a fallu renverser la base de toutes les lois. En effet, une donation est soumise à toutes les conditions qu'y met la volonté du donateur. Elle n'a pour mesure que son libre arbitre. Tout acte de ce genre est synallagmatique, il implique deux contractants : le public et l'auteur. Comment constater l'acceptation d'une génération? Puis, quelles sont les conditions du contrat? Comment l'auteur les pose-t-il? Quel est le livre qui, depuis le premier jusqu'au dernier, n'ait porté son prix? Je reviendrai sur cette question : en ce moment, je ne suis qu'historien. Comme ce décret, en comprenant toutes les œuvres, s'appliquait surtout aux œuvres dramatiques, remarquez que la Constituante aurait dû, pour être conséquente, ordonner que le public serait admis sans payer dans les théâtres.

Les auteurs du décret ont donc, comme vous le voyez, reculé devant l'application absolue de leur principe : ils y ont dérogé *pour l'auteur*, pendant sa vie ; mais en lui faisant bien comprendre que, contrairement à l'arrêt du Roi, ils *fondaient cette grâce en injustice,* en dérogeant à leur Droit Sauvage.

En abandonnant aux auteurs le lucre bien légitime de leurs œuvres, ce décret désintéressait la génération productrice. Aussi, en ce moment, pour qui nous battons-nous? pour le Droit Commun, pour l'Équité, pour la question sociale de la Propriété.

Vous voyez, je l'espère, qu'à la justice qui nous régissait avant 1789, est venue la profonde et absurde injustice qui a dépouillé nos familles. Vous voyez toute une assemblée, qui faisait de grandes choses, saisie de vertige par le mot *privilége* et par le mot *liberté de la presse*.

Entendre le mot *liberté de la presse* ainsi, n'est-ce pas comme si l'on interpretait le mot : *liberté du commerce* par le pillage des boutiques?

La Convention, tout en voulant rectifier l'œuvre de la Constituante, car elle entendit faire, selon son expression, *la déclaration des droits du génie*, a consolidé la spoliation.

Voici les propres paroles de Lakanal, qui fut le rapporteur de la loi de 1793, et dont le rapport dura dix minutes :

« De toutes les propriétés, la moins susceptible de contestations, celle
« dont l'accroissement ne peut blesser l'ÉGALITÉ, ni donner ombrage à
« la LIBERTÉ, c'est celle des productions du *génie*, et si quelque chose
« doit étonner, c'est qu'il ait fallu une loi positive pour reconnaître cette
« propriété. L'impression peut d'autant moins faire des productions
« d'un écrivain une propriété publique, que l'exercice utile de la pro-
« priété de l'auteur ne pouvant se faire que par ce moyen, il s'ensui-
« vrait qu'il ne pourrait en user sans la perdre à l'instant même. »

Comment ces paroles de Lakanal ont-elles eu pour résultat une spoliation? Ceci tient à l'histoire des Assemblées délibérantes, et nous vous laissons, Messieurs, y réfléchir.

Nous en sommes là.

Maintenant, comment fut-il besoin d'un Arrêt du Conseil pour reconnaître la propriété littéraire, et comment ce décret de l'ancienne monarchie n'a-t-il été rendu qu'en 1777?

Ces deux demandes tiennent au cœur de la question que vous avez à décider. Aussi, peut-être n'est-il pas inutile de vous donner des explications à ce sujet. Ce sera d'ailleurs vous présenter l'histoire succincte de la littérature, vue du côté matériel et positif.

La propriété littéraire est venue la dernière, et voilà son malheur. Ni le droit romain ni le droit féodal n'en ont pu parler, et vous savez que le droit romain, le droit féodal et les coutumes, qui résolvaient toutes les questions avant la révolution, ont déteint jusque sur les Codes français. Or, ni les coutumes, ni le droit féodal, ni le droit romain ne se sont occupés des productions de l'esprit. La raison en est bien simple. La propriété littéraire n'a pu naître que par le concours de trois inventions : celle du Papier, celle de l'Imprimerie et celle du Journal qui a créé la

Publicité. L'imprimerie ne fut en usage et ne prospéra que vers le milieu du seizième siècle : l'Édit de 1571 en fait foi. Jusque-là, les productions de l'esprit étaient soumises au travail des *écrivains*. Le travail surpassait alors tellement, par chaque copie, les facultés pécuniaires individuelles, que l'auteur ne pouvait être récompensé que par la gloire, qui, dans ces temps, l'éclaira souvent à son lit de mort. Dans ces circonstances, les rois, les souverains, les princes, les grands feudataires ont traité les poëtes et les grands écrivains comme leurs égaux ; ils les logeaient dans leurs palais et subvenaient à leurs besoins. Il y a d'illustres exemples de cette protection. Elle ne fut pas toujours entière et complète, elle ne fut pas toujours intelligente ; mais nous devons aussi faire la part des génies fiers, inconnus, peu commodes, et celle des infirmités de l'esprit, des caprices et des répugnances. Ces deux causes expliquent, de part et d'autre, les malentendus qui font gémir l'Histoire. Charles II eût été bien grand en subvenant aux besoins de Milton ; mais on conçoit très-bien qu'il a pu ne pas protéger le chantre sublime de la Révolte, et que le poëme républicain du *Paradis perdu* n'ait pas trouvé d'éditeur sous une Restauration. Un prince eût été presque héroïque en offrant un domaine à qui n'écrivait pas dans le sens de sa domination. Aujourd'hui la Société poursuit sévèrement ces Oppositions de la Pensée que les Rois ont souvent souffertes. Charles-Quint envoya de belles chaines d'or à l'Arétin, et Luther eut pour otages des princes allemands.

La coutume de prendre soin des poëtes, des savants, des écrivains et des artistes, était à peu près universelle au seizième siècle. Philippe II, ce roi si absolu, a rendu des édits pour exempter des artistes de toutes charges civiques, de tout impôt, et, dit-il, *même des obligations contre lesquelles nous n'admettrions point d'exemption.* On sait que Léon X voulait faire Raphaël cardinal.

Le cardinal de Richelieu et Louis XIV ont, en France, assez dignement continué cette charge du pouvoir suprême Napoléon a dit qu'il eût nommé Corneille prince et sénateur. Vous savez que lui, le premier, a donné l'exemple de mettre au plus haut rang dans l'État les savants, les gens de lettres et les artistes. Si Ducis ne fut pas sénateur, il obtint l'admiration de Napoléon pour sa noble fidélité à ses anciens maîtres qui lui fit refuser cet honneur. Vien, Laplace, Berthollet, Chaptal, Monge, Fontane entrèrent au Sénat. Vous savez pourquoi M. de Chateaubriant ne devint pas sénateur. On doit tenir compte à Napoléon de sa lutte avec l'Europe : elle l'a nécessairement empêché de protéger la littérature, et nous n'oublierons pas que, malgré ses répulsions, il a fondé les prix décen-

naux par un décret que la Chambre des députés devrait bien faire re-
mettre en vigueur.

Louis XIV eut à un si haut degré le sentiment de la souveraineté littéraire, que, sachant la raison pour laquelle les cardinaux, qui ne
s'asseyaient que sur des fauteuils, s'abstenaient d'aller à l'Académie où
il n'y avait que des chaises, y envoya les quarante célèbres fauteuils.

Vous le voyez, Messieurs, tout grand prince, dans les époques antérieures aussi bien que de nos jours, a regardé comme une des obligations de la couronne de protéger et les écrivains et les lettres. Je suis
fâché d'avoir à dire que cette protection active, sérieuse, matérielle (1),
manque aux classes lettrées, et qu'elles souffrent beaucoup de leur al-
liance nécessaire avec la Presse périodique (2).

Or, dans ces belles époques où la faveur des princes a fait éclore tant

(1) Napoléon apprit que Chénier, ennemi de sa dynastie et l'antagoniste de l'empire,
sur ses vieux jours était dans la gêne, il lui fit parvenir une somme importante par une
main tierce, et l'auteur tragique mourut sans savoir de qui lui venait ce secours ines-
péré. De pareils traits expliquent Napoléon. Rapprochez cette noble action de sa déli-
catesse avec Bernardin de Saint-Pierre, avec madame Helvétius, avec Ducis, avec le
garde national qui accompagna Monsieur au delà de Lyon en 1815, et vous comprenez
aussitôt la sympathie du peuple français pour cet homme qui savait s'occuper de tout et
tout voir.

(2) Il est impossible de ne pas faire remarquer à la Chambre des Députés la mes-
quinerie du traitement des membres de l'Institut. Un membre de l'Institut, inactif
ou malade, recevrait 'de l'État *quatre-vingt-trois francs* par mois, beaucoup
moins que ne reçoivent les garçons de bureau des Chambres. L'Institut est notre plus
grand corps savant et littéraire. Créé pour offrir la réunion des hommes remarquables du pays dans quatre sublimes spécialités, il n'a d'analogue que la Cour de cassation
dans la magistrature, les maréchaux dans l'armée, le conseil d'État dans l'administra-
tion. Comparez les traitements de ces trois ordres de fonctionnaires avec ceux qui représentent les arts, les sciences et les lettres? La France serait-elle ruinée en élevant à
six mille francs le traitement des membres de l'Institut où se rencontrent tant de gens
désintéressés, dont tous les membres n'ont pas de sinécures? L'Institut fut établi
dans une époque où le *traitement* n'existait pas, où les places publiques étaient quasi
gratuites. Certes, depuis l'élévation de tous les justes salaires, il y a eu chez ces hommes,
dont beaucoup furent des gens de génie et de grands citoyens, un silence admirable, ils ne
réclameront jamais. Comment ne s'est-il pas trouvé parmi les membres de la Chambre
un homme désintéressé dans la question qui ait, par forme d'amendement, élevé la
chétive solde des membres de l'Institut à un chiffre en harmonie avec la vie de Paris
dont la cherté s'accroît de jour en jour? J'aimerais mieux voir supprimer l'allocation
aux lettres, dont pas un liard ne se donne aux vrais lettrés, et la voir répartie sur les
traitements de l'Institut.

de chefs-d'œuvre, il ne pouvait donc être question de la propriété littéraire. Voici pourquoi. Du quinzième au dix-septième siècle, les auteurs, prosateurs ou poëtes, étaient d'abord des hommes appartenant à la classe ou riche ou rentée de la société, des nobles, des prêtres ou de riches bourgeois : la seule condition des études à faire exigeait une fortune première. Puis ils étaient sous l'empire d'une préoccupation assez facile à concevoir, celle de la propagation de leurs ouvrages. Les mœurs ne s'abolissent pas tout d'un coup. Longtemps après l'invention de l'imprimerie, on se souvenait d'avoir lu les *copies* des plus beaux ouvrages, enchaînées à des pupitres, dans les bibliothèques où chacun les allait lire. On se rappelait les lectures publiques dans le genre de celle de l'Épître et de l'Évangile pendant la messe, qui n'a pas d'autre origine que la rareté des livres sacrés. Ainsi le salaire fut négligé par ces trois causes : la fortune du poëte ou la faveur du souverain, la gloire à laquelle donnait lieu *la propagation*. Les auteurs étaient alors d'un tel désintéressement, qu'au seizième siècle, Béroalde de Verville ayant compromis la fortune de son libraire par la publication d'un ouvrage de philosophie hermétique, l'indemnisa en lui *donnant* le MOYEN DE PARVENIR, l'une des œuvres qui s'approchent le plus de la grande œuvre de Rabelais et qui enrichit l'imprimerie.

Enfin, Messieurs, l'achat des livres exigeait des sommes assez fortes. L'amour de la littérature et le culte des lettres n'existaient donc que dans les hautes classes. La mise en vente d'un ouvrage exigeait des avances énormes, le débit en était très-lent, ce dont font foi les avis préliminaires des réimpressions opérées sous le règne de Louis XIV. Répétons qu'alors la protection du roi ne manquait à aucun des grands auteurs de ce siècle. Bossuet était dans une position éminente, ainsi que Fénelon. Pascal est mort à la fleur de son âge, et d'ailleurs il appartenait à une terrible opposition. Molière était riche. L'insouciance de La Fontaine est connue. Racine a reçu de Louis XIV en quatre ans plus de deux cent quarante mille livres (du temps). Boileau a joui d'une grande aisance. Perrault était membre d'une académie. Les auteurs médiocres étaient, eux-mêmes, puissamment protégés. On se faisait un honneur de recevoir Chapelain, Voiture, etc.

Il n'y eut donc pas lieu à penser à la propriété littéraire, parce que la propriété littéraire ne pouvait pas alors donner de bénéfices. La publicité venait de naître (le *Mercure*, notre premier journal, date du ministère de Richelieu, et le *Journal des Savants* du conseiller Sallo ne parut que sous Louis XIV). Il était difficile de prévoir qu'elle arriverait au développement que nous lui avons vu prendre depuis un demi-siècle.

Dans le dix-huitième siècle, vous n'ignorez pas que Buffon fut honoré d'une grande protection et n'était pas déjà dépourvu. Voltaire eut, dès son apparition, sa fortune faite par le régent. Montesquieu possédait une grande fortune. Marmontel et La Harpe, gens d'un mérite secondaire, eurent le privilége du *Mercure*. Jean-Jacques Rousseau fit de son désintéressement en matière de littérature un des plus grands véhicules de sa gloire. Diderot, qui était à lui seul toute une Opposition, fut protégé par Catherine II. D'Alembert jouissait d'une certaine aisance et avait plusieurs pensions. Duclos avait pour vingt mille livres de traitements.

Mais ce fut alors que le LIVRE devint matière à bénéfices. Les libraires payèrent une somme exorbitante l'*Histoire philosophique des Indes*. Le goût de la lecture se propagea. La masse des lecteurs doubla presque. Les romans, cette continuation de la littérature romane des trouvères et des conteurs qui firent les délices des douzième, treizième, quatorzième siècles, furent répandus dans la classe moyenne, par les formats in-douze et in-dix-huit qui détrônèrent l'in-folio et qui, en détaillant le Livre, le mirent à la portée de toutes les fortunes. Dès lors, la librairie devint un grand commerce. Aussi fut-ce alors qu'intervint l'édit de 1777.

Remarquez, Messieurs, que l'opposition, le pamphlet, tout ce que le souverain ne privilégiait pas, était obligé de s'imprimer dans un pays libre. La liberté de la pensée, contre laquelle aucun pouvoir ne prévaudra, engendra la Hollande. Ce fut en Hollande que florissaient l'imprimerie et la librairie. Là parurent le *Dictionnaire de Bayle*, les *Œuvres de Rousseau*, la moitié des œuvres de Mirabeau, les mémoires secrets, les œuvres mystiques, jansénistes les gazettes libres. La Hollande compliqua donc pendant longtemps la question. La littérature française la plus productive s'éditait à l'étranger. Les ducats de Hollande soldaient nos écrivains. La nécessité politique mit alors un temps d'arrêt à la question. L'exercice de la pensée, entravé par les restrictions du pouvoir qui censurait les livres, impliquait en quelque sorte une division de la question de la propriété littéraire.

Mais enfin, en 1777, Malesherbes mit un terme, d'accord avec Louis XVI, à toutes les difficultés, par l'Arrêt que le parlement enregistra en faisant consacrer les vrais principes du Droit dans le réquisitoire de son Avocat-Général le plus illustre, et dont le principal passage vient d'être mis sous vos yeux.

Ce ne fut ni en présence de l'échafaud, ni sous Napoléon, dont les intentions furent d'ailleurs favorables à la propriété littéraire en tant que propriété, que l'on pouvait protester contre la spoliation de la loi de 1793. D'autres intérêts plus puissants étaient en jeu. D'ailleurs les auteurs vendaient alors presque toujours leurs manuscrits aux libraires. L'usage des libraires de Hollande devint celui des libraires de Paris. Publier un livre paraissait et paraîtra souvent une opération aléatoire (1). Là se trouve l'une des plus grandes raisons de rendre la propriété perpétuelle dans les familles. La propriété littéraire ne devient fructueuse que dans un temps déterminé. Tout livre, dans sa première édition, est à l'état de semailles. Le soleil du succès ne fait pas toujours mûrir la moisson du vivant de l'auteur, malgré la vigueur des moyens créés par la publicité moderne.

La question revint dans toute sa force sous la Restauration. Des écrits remarquables furent publiés, à partir de 1824. L'ouvrage de M. Renouard fut précédé par une brochure intitulée *du Droit de propriété dans ses rapports avec la littérature et les arts*, par M. Desprez, et ce titre posait déjà très-bien la question. Mais la Restauration tendait

(1) Les faits récents sont toujours les meilleurs à citer. On a fait de la profession de libraire, une profession libre, et peut-être est-ce une de celles pour lesquelles on devrait demander des garanties morales et d'instruction publique comme on en demande aux instituteurs. La Restauration a tenté de revenir en cette matière aux vrais principes. Certes, un libraire devrait être licencié ès lettres. Pour un libraire instruit comme le sont les Paulin, les Renouard, les Fournier, les Lenormand, les Audin, les Firmin Didot, les Ballanche (il a le premier *osé* éditer le *Génie du Christianisme* et laissé Fourier collaborer dans son journal), les Arthus-Bertrand, nous comptons vingt de ces libraires si plaisamment nommés *marchands de salade*. Il y a eu à Paris un imprimeur-libraire d'ouvrages savants qui ne savait ni lire ni écrire, et qui jugeait les manuscrits sur la disposition du titre. Aussi la difficulté des débuts remplace-t-elle aujourd'hui les difficultés que présentait au moyen âge la difficulté de la propagation. M. de Chateaubriant ne trouvant d'éditeur qu'à Lyon, et compris par Ballanche, est un fait qui s'est reproduit hier, qui se reproduira demain. M. Thiers, forcé de *donner* en toute propriété pour une somme minime son *Histoire de la Révolution*, dut consentir à la laisser paraître sous le nom de Félix Bodin. Qui est Félix Bodin? demanderont beaucoup de lecteurs. Eh bien, M. Félix Bodin était alors un écrivain si considérable qu'au moment où le nom de M. Thiers fut substitué dans les derniers volumes à celui de son protecteur, les journaux anglais trouvèrent des différences sensibles. En ce moment, il y a certainement des Chateaubriant et des Thiers à la recherche d'un libraire, et l'exemple de M. Thiers, qui certes a immolé son désir de faire paraître son livre à un *contrat léonin*, est plus fréquent que le désintéressement de M. Ballanche.

à une répression de la pensée. Elle n'attaqua point LE LIVRE, parce qu'elle soutenait un combat violent avec LE JOURNAL. Elle laissa les choses dans le *statu quo* créé par Napoléon, en supprimant toutefois la censure sur les livres.

Aujourd'hui, le commerce de la librairie est un des plus grands, un des plus étendus de la France. Il est devenu la conséquence des succès de nos armes pendant vingt ans et de la limpidite de la langue francaise autant que de sa perfection. A egalité de talent, l'auteur français l'emportera toujours sur un auteur étranger, parce que la prose française interdit d'écrire des non-sens. Partout ailleurs, un certain arrangement de mots, l'éclat des images, l'harmonie font illusion et arrivent a la poésie plastique ; mais, en France, ces brillants subterfuges sont prohibés par le positif de la langue, qui est un vernis étendu sur la pensée. Un grand écrivain est toujours un grand homme en France, ce qui n'a pas toujours lieu dans les autres pays. Et c'est là ce qui rend le poëte français à la fois et si rare et si grand. Nos grands poëtes deviennent nécessairement les hommes du monde entier. Si, par des traités diplomatiques, on peut, comme il faut l'espérer que cela se fera, supprimer cette honteuse plaie appelée la contrefaçon, il est à peu près certain que la librairie française sera le commerce le plus florissant de notre pays. Il suffit de prendre la plume et de compter les milliers de volumes vendus à notre détriment par la Belgique depuis dix ans, pour se convaincre que la vente du papier français noirci (la France est le pays où le papier se fabrique au plus bas prix) aurait, à elle seule, produit l'*avoir* de notre balance commerciale.

Dès lors il ne me semble plus possible à la législation de laisser subsister l'exhérédation consacrée par la loi de 1795 et modifiée par le décret de Napoléon. La question se représente aujourd'hui, malheureusement toute neuve, et comme si déjà l'Arrêt de 1777 n'avait pas une fois tout terminé.

Voyons les objections.

Prétendre, comme l'ont fait des publicistes à la suite de la Constituante qui n'a rien constitué, car la véritable assemblée de la révolution est la Convention, que la pensée des Lamennais, des Hugo, des George Sand, des Staël, des Lamartine, des Gœthe, des Schiller, des Byron, des Walter-Scott est publique parce qu'elle est d'origine divine, et exciper de cette origine pour exhéréder leurs enfants, n'est-ce pas oublier que la terre, le champ, que la maison est aussi d'origine divine ? Tout vient de Dieu, et personne ne pense à partir de là pour exhéréder les enfants des propriétaires. Si toute pensée vient de Dieu, l'homme se la fait propre en la teignant de ses couleurs dans le milieu par où elle passe : il se l'approprie par la forme qu'il lui impose. Assurément il est impossible à quelque génie que ce soit de se prétendre inventeur d'une pensée. Sous ce point de vue, la pensée est publique. Une femme de la halle, a dit de Marsais, fait, le matin, plus de tropes qu'un académicien dans son mois. Tout le monde peut avoir la pensée de Vico, de Rousseau, de Buffon, de Royer-Collard, de Chateaubriant, de Hugo, de Lamartine : oui, toutes les pensées préexistent! *La Divine Comédie* est dans les Pouranas des Indes. Racine est dans les anciens, et les comédies de Molière sont éparses dans les théâtres antérieurs. *Roméo et Juliette* est tout aussi beau dans la nouvelle du Bandello que dans le drame de Shakspeare. Il n'est pas un conte de Voltaire dont les racines ne se retrouvent, les critiques le lui ont cruellement prouvé. L'idée-mère du *Don Quichotte* est dans Rabelais, où Beaumarchais a pris Figaro. Mais toutes ces œuvres n'en sont pas moins distinctes. *Clarisse* et la *Nouvelle Héloïse* sont à peu près le même sujet et constituent deux chefs-d'œuvre éternels. Ainsi de *Hamlet* et de la tragédie grecque. Les *Opera metallurgica* de Swedenborg contiennent tout le système de Buffon, avant Buffon. Qui fait cela? l'Execution, la Manière, le Faire! Entre concevoir et produire, il est un abime, et le génie seul a des ailes pour y descendre et en sortir, tenant à la main des fleurs immortelles. Il suffit d'un élément nouveau, d'un sentiment introduit dans une situation identique pour en faire deux œuvres dissemblables. L'imagination est comme le soleil, qui compose le paysage de Rio de Janeiro et celui de Naples, celui de Constantinople et celui du lac de Genève, avec les mêmes principes constituants : le vert de la végétation, l'air, les eaux et la terre.

Quant à cette tradition entière et complète, absolue et sans retour, que l'Assemblée Constituante et beaucoup de gens avec elle prétendent faite par la publication d'*une œuvre en tout genre*, nous serions bien heureux si cette tradition pouvait s'effectuer entre nous et le public, nous ne demanderions rien de plus. Nos libraires ont aujourd'hui, pour les plus favorisés par la mode ou par la gloire, mille peines à opérer la tradition de deux mille exemplaires. Mais, sur ce point, Messieurs, examinez le contrat. On donne le livre moyennant un prix qui renferme et le coût de la fabrication, et le bénéfice du marchand et le prix que l'auteur s'attribue par exemplaire. Ce contrat, perpétuel quant à la fabrication, la loi le déclarerait nul seulement pour le glorieux producteur ?

Le législateur dirait : Nous ne pouvons jamais empêcher qu'on fasse payer le papier, l'impression, le tirage, la brochure, la couverture d'un livre qui n'existerait pas sans ces frais-là. Nous ne pouvons pas empêcher le vendeur, le fabricateur de réaliser un bénéfice ; mais, à dater de telle époque, dix ans, vingt ans, trente ans, cinquante ans, celui de qui tout a procédé, qui est la cause première du livre et qui s'est reproduit dans ses hoirs, celui-là n'aura plus rien.

C'est l'athéisme en matière de propriété. Mais, Messieurs, sur ce point, considérez combien le législateur prendrait sur lui en restreignant la propriété. Vous avez à décider si la propriété littéraire est ou n'est pas propriété. Si elle est une propriété, tout est dit : la restreindre est une atteinte au principe fondamental de toutes les sociétés. Mais si ce n'est pas une propriété, pourquoi la faire propriété temporaire ? Examinons les résultats de cette transaction.

Vous fixeriez une époque !

En accordant cinquante ans, celle que vous demande, en désespoir d'une cause dont je ne désespère pas, la Société des gens de lettres, vous voulez sans doute que le fils de Corneille, de Milton, de Courier, de Béranger, de Chateaubriant jouisse des produits de l'œuvre de son père. Eh bien, il arrivera que des Ballanche, des Vico, des Boulanger mourront à quarante ans, laissant un fils et une œuvre philosophique ou littéraire profonde, une de ces œuvres dont le succès est lent, parce que, pour certaines œuvres humaines, la gloire, qui entraîne et l'exploitation et le bénéfice, ne sort que d'un scrutin secret où votent lentement les esprits supérieurs. Au moment où le bénéfice si péniblement attendu commencerait, le fils le verrait se réaliser entre les mains des libraires ?. .

En accordant cinquante ans, vous entendez faire jouir les fils des travaux du père, il ne saurait y avoir d'autre raison, n'est-ce pas ? Eh bien, vous décidez alors que les enfants d'un homme de génie ne vivront que cinquante ans. Et vous entendez que les belles œuvres seront comprises immédiatement : vous oubliez que Vico, cette chrysalide centenaire, éclôt en ce moment ! qu'*Athalie* n'a été comprise (en France) qu'un demi-siècle après la mort de Racine ! que Rabelais, l'un de nos plus grands génies, n'est pas encore entendu dans toute sa portée et qu'il est encore discuté ! que douze ans ont séparé la première partie du *Don Qui chotte* de la seconde, faute de libraire qui voulût l'imprimer ! Vous prendriez donc sur vous d'empêcher le retour de ces malheurs. Ceci, Messieurs, est hors de votre pouvoir. Vous n'avez que la faculté d'y obvier en mettant la propriété littéraire dans le Droit commun.

Si l'on accorde cinquante ans, pourquoi pas la perpétuité? Qui donc peut empêcher la reconnaissance de la seule propriété que l'homme crée sans la terre et la pierre, et qui est aussi durable que la terre et la pierre? une propriété qui se trouve constituée entre la terre et le ciel, à l'aide des rebuts de la société, le noir de fumée pris à des os, et les chiffons laissés sur la voie publique.

Ici se dresse un mot terrible : l'Intérêt Public !

Messieurs, prenez garde. L'Intérêt Public, l'Humanité, voilà l'argument des adversaires de la propriété perpétuelle de vos champs et de vos maisons. Ils veulent ne vous en laisser que l'usufruit, au nom de la nation, de l'intérêt public, de la génération qui vient, au nom du progrès, au nom de la justice. L'intérêt public mieux entendu, voilà le grand cheval de bataille des néo-républicains et des saint-simoniens. Exhéréder, au nom de l'intérêt public, les familles des auteurs, ne serait-ce pas préparer la ruine des autres propriétés? Plus solennelle sera votre discussion à ce sujet, plus fort sera l'argument que les publicistes en tireront.

Ici l'on nous dit : Mais vous ne concédez bien un brevet d'invention que pour dix ans. Un livre est une invention comme les socques articulés. Non, Messieurs, il n'y a pas la moindre parité. Quand James Watt régularise l'action de la vapeur retrouvée par Papin après Salomon de Caus, quand Jacquard invente un métier, quand un chimiste trouve une pâte bienfaisante, quand Quinquet ou Carcel invente un appareil de lumière, il y a *nécessité absolue* pour la société d'en user et d'acheter immédiatement. L'inventeur a ou croit avoir la certitude de réaliser d'immenses bénéfices dans la période de temps que la loi accorde. Si même il n'était pas enrichi à l'expiration de son privilége, l'État pourrait lui accorder une prorogation. Et ce serait justice. Mais y a-t-il nécessité d'acheter une œuvre littéraire ou philosophique? Les auteurs ont-ils, en quelque sorte, droit de contrainte sur le lecteur comme Labarraque sur le consommateur de chlorure de chaux? La seule position de cette question provoque le rire !

Hélas! Messieurs, l'achat du livre a lieu lorsque le livre a fait son temps, a fait feu, a produit son bien. Le cas du livre est inverse du cas de l'invention utile. Assurément toutes les idées de Montesquieu, celles de Rousseau, celles de Buffon sont passées dans les masses, sont formu-

lées en lois, en mœurs, en axiomes scientifiques. Le puits de Grenelle,
hier, a lancé son magnifique paraphe pour approuver la *Théorie de la
terre* de Buffon. On achète maintenant ces œuvres pour *la forme*, pour
la beauté qu'y a mise le génie, pour ce qui est propre à l'âme de Jean-
Jacques, à l'âme de Montesquieu, à l'âme de Buffon. Ces hommes se
sont assimilé, ont formulé par avance les idées de l'avenir. Ils se les sont
appropriées, comme je le disais plus haut, en leur imposant la forme de
leur âme, et les rendant ainsi sensibles à l'Humanité. Autrement Massil-
lon, Bossuet, Bourdaloue, Fénelon seraient les plagiaires de l'Évangile !

Quel est donc alors l'intérêt public ? Cherchons-le de bonne foi.

L'intérêt public n'est-il pas d'avoir les livres immortels bien fabriqués
et à bon marché ? Je défie nos adversaires d'en trouver un autre Sur
ce point, il y a preuve évidente, par ce qui se passe dans tous les pays,
que les livres dits du *domaine public*, ceux que tout libraire peut réimprimer, sont aussi coûteux que les livres du *domaine privé*. Aujourd'hui,
vous avez pour douze francs les œuvres de M. Casimir Delavigne.
Molière et Racine sont tout aussi chers dans les mêmes conditions.
Il en est ainsi des œuvres de M. de Chateaubriant. Il en serait de
même des œuvres les plus fugitives, si la contrefaçon n'existait pas.
Cet argument, tiré de l'état des choses et présenté par M. Bulwer, a tout
à coup tranché la question dans le parlement anglais, il y a été fait
justice de cette objection. En Angleterre, elle n'existe plus.

Si dès lors, par intérêt public, on entend l'intérêt des libraires, voici
donc la question réduite à sa plus simple expression.

En ne déclarant pas la propriété littéraire perpétuelle, vous préférez le
libraire à l'auteur, l'industriel au créateur, le vendeur au producteur, ce
qui constituerait une monstruosité sans exemple. Vous aimeriez mieux
voir des *inconnus à naître* s'enrichir par les productions de l'esprit, que
les fils des grands hommes qui sont l'honneur *tout né* de la nation, et
la seule aristocratie qui n'effrayait pas Lakanal. Eh bien, moi, je dis
qu'il aurait été d'*intérêt public et social*, que les malheureux héritiers
d'Anquetil partageassent les énormes bénéfices récemment faits avec
l'Histoire de leur auteur.

Mais enfin, sur ce point, nos adversaires seraient encore battus.
Voyons quel est l'intérêt du libraire ? N'est-ce pas de publier en paix et
de pouvoir fabriquer sans avoir à craindre une concurrence fatale ? N'a-
vons-nous pas vu des libraires faisant de belles éditions, ruinés par
d'autres libraires en position d'en imposer au public, et de lui présenter

les plus mauvaises, les plus fautives éditions comme étant les meil-
leures? La plupart des bons livres qui subsistent après deux cents ans
ne s'achètent plus aussi rapidement que les livres encore discutés, et
les publier à nouveau constitue une opération à long terme. Les bibliothèques sont garnies, le libraire doit lutter de perfection avec les éditions
antérieures, et j'estime à dix ans au moins le temps nécessaire à l'écou-
lement d'une édition. Qu'un libraire s'engage dans la publication d'un
Rabelais, d'un d'Aubigné ; s'il s'élève une concurrence, voilà deux libraires qui se ruinent, car ils seront vingt ans à vendre leur édition.

Ainsi, la propriété perpétuelle donnerait aux libraires la sécurité
qu'ils auraient aujourd'hui pour les livres du domaine privé, si la contrefaçon, cette hideuse baraterie, n'existait pas, grâce à l'indolence de notre
diplomatie. La contrefaçon n'a pris son immense développement que
depuis juillet 1830.

Quant à l'objection qui naît du défaut de concurrence, et qui fait prétendre que le prix des livres serait trop élevé, elle tombe devant l'observation faite par M. Bulwer dans le parlement anglais. Mais il y a plus !
Messieurs, la concurrence existera certainement, elle existe du vivant de l'auteur. L'exploitation se fait et se concède sous six formats
simultanément. Du vivant de l'auteur, nous voyons publier les œuvres
de M. de Chateaubriant (acquises absolument par un libraire), sous le
format in-trente-deux, in-dix-huit, in-douze, in-octavo grand papier,
in-octavo petit papier, in-octavo compacte. Il reste l'in-quarto et l'in-folio.

Ce qui arrive à propos de M. de Chateaubriant est identique à ce qui
a lieu pour M. de Lamartine ou pour Béranger. L'un et l'autre, ils af-
ferment pour un temps donné leurs productions à un libraire. Que fait
le libraire? il publie sous les formats in-trente-deux, in dix-huit et in-
octavo, *illustré* ou *sans illustrations*, pour quatre publics différents. Le
libraire, maître de l'exploitation, donne la même œuvre à trois, à
trente, à quatre-vingt-dix francs. Ce qui se fait aujourd'hui se fera dans
tous les temps, avec cette seule différence que dans l'avenir les héritiers
de M. de Lamartine et de Béranger ne toucheraient plus rien, et que les
libraires auraient tout si vous restreigniez la propriété littéraire. La
concurrence des formats est donc la seule qui soit juste, bonne et naturelle. Celui qui achète les *Méditations* de M. de Lamartine ou les Chan-
sons de Béranger à trois francs, dans le format in-trente-deux, n'est pas
le même qui prend la luxueuse édition à dix francs le volume. Les formats représentent les zones sociales. Jamais l'intérêt du libraire ni celui

de l'auteur n'est de s'opposer au débit par une cherté mal entendue.
De notre vivant, nous arrivons au bon marché quand le livre se popu-
larise. Or, la loi que vous discutez n'aura de protection que pour les
grands hommes et les belles œuvres, sachez-le bien ! Ceux de nous qui
meurent tout entiers ont bien vécu. Jamais la médiocrité n'a failli à sol-
der la médiocrité. Faites, Messieurs, que le martyre de l'homme de génie
profite à sa famille : toute la question est là.

Maintenant, il y a quelques personnes assez bonnes pour s'inquiéter
de la difficulté qu'il y aurait a réunir des héritiers, à les consulter, à les
trouver, à les satisfaire. Nous ne comprenons pas l'objection. La propriété littéraire étant assimilée à la propriété immobilière, elle se trai-
tera tout comme les terres et les maisons. La propriété des œuvres de
Corneille deviendra celle d'un libraire, absolument comme la maison de
la reine Hortense est devenue celle de M. de Rotschild, comme la terre
bâtie par Louis XIV pour madame de Montespan va devenir la propriété
de cent petits propriétaires.

Ici, vous apercevrez, Messieurs, la sagesse du conseil de Louis XVI.
A cette époque, on a distingué deux êtres : l'auteur, à qui l'on a donné
le droit perpétuel. S'il entendait le garder, il devait être alors perpé-
tuellement son propre libraire, faire lui-même les avances et courir les
chances du débit. Puis le libraire, l'homme qui acquérait de l'auteur.
Toute la sympathie légale et royale fut pour l'auteur ; mais quant au libraire, on le dépouillait au bout d'un certain temps. Le libraire était
alors assimilé à l'exploitant d'un brevet d'invention. Cette économie de
l'arrêt de 1777 est remarquable. Néanmoins mon opinion est que ce
qu'on appelle en librairie *le domaine public* est une institution mau-
vaise. Dans l'intérêt des libraires et dans l'intérêt du public, je maintiens
les raisons que je viens d'en donner, en affirmant que la concurrence
des formats est la seule qui convienne et au Commerce et au Public.

Il reste une observation importante quant à la propriété. Peut-être
trouverez-vous sage de ne la déclarer constituée que par la mort de l'auteur. Tant qu'il existe, il a le droit de modifier, de corriger son œuvre,
la propriété n'est donc pas encore fixée.

Quant à l'objection de ceux qui croient que des héritiers pourront
s'opposer à la publication d'un livre de leur auteur, elle tombe devant
une disposition de la loi qui ne manquera pas de consacrer le droit
public de réimpression moyennant des offres suffisantes, en cas d'opposition des ayants cause. Toute difficulté sur ce point sera du ressort

des tribunaux. C'est en ce sens seulement que le public est copropriétaire.

Il est des adversaires de la perpétuité de cette propriété qui se fondent pour la contester sur ce qu'elle a besoin du concours de plusieurs industries pour exister et pour être exploitée. Mais, Messieurs, n'est-ce pas précisément parce que la propriété littéraire réunit le plus de conditions difficiles que la loi lui doit le plus de protection ?

Pour mon compte, j'espère que la Chambre des députés de 1840 appréciera les faits, et ne sera pas en arrière du Conseil de Louis XVI. Quel principe d'ordre, quelle loi naturelle, quel axiome de droit violez-vous en convertissant en loi et rectifiant le principe de l'Arrêt de 1777 ? Mais à quelles tortures ne faut-il pas soumettre l'équité pour prouver que la propriété littéraire n'existe pas? N'oubliez pas que cette propriété, dès la mort de l'auteur, est bien plus incommutable que celle des maisons qui tombent et se rebâtissent, que celle des terres qu'on bouleverse et qu'on divise ! N'oubliez pas qu'un beau livre est une victoire remportée tous les jours par la langue française sur les autres pays!

Enfin, Messieurs, l'assimilation de la propriété littéraire à la propriété immobilière est ou un acte d'équité ou un acte de générosité législative ; eh bien! la France est déjà devancée en équité ou en générosité par SEPT ÉTATS de l'Europe qui ont proclamé la perpétuité de la propriété littéraire dans les familles.

Cette note doit avoir prouvé jusqu'à l'évidence :

1° Qu'il y a socialement un grand intérêt à placer la propriété littéraire dans le droit commun ;

2° Qu'en la plaçant dans le droit commun, loin de froisser l'intérêt public et l'intérêt commercial, on les protége ;

3° Qu'il y a la plus grande injustice à dépouiller les familles des auteurs, et que la seule objection, tirée du mauvais vouloir des héritiers qui pourraient s'opposer à la réimpression, tombe devant une simple disposition de la loi.

Je supplie la Chambre de ne pas s'arrêter devant le désordre apparent que l'assimilation de la propriété littéraire à la propriété immobilière porte dans le projet de loi actuel : je crois que ni le ministère, ni votre Commission ne reculeront devant un si léger travail, qui consiste d'ailleurs à simplifier la loi.

Les classes lettrées savent que ces principes ont reçu l'appui, dans la Chambre des pairs, d'un des premiers magistrats du royaume, et

j'acquitte leur dette en exprimant ici publiquement leur reconnaissance
à M. le président de Portalis.

Puisque j'ai tant fait que d'improviser cette note, je dois dire un mot
sur une garantie demandée par la Société des gens de lettres, et qui
parait effaroucher beaucoup de personnes dans la librairie.

Le Comité de la Société des gens de lettres, frappé de la fréquence
des plaintes occasionnées par des tirages faits contrairement aux nom-
bres stipulés dans les traités qui interviennent entre les auteurs et les
libraires, a demandé que la loi obligeât l'imprimeur à faire signer
par l'auteur la déclaration que l'imprimeur est contraint de déposer
préalablement à la direction de la librairie, et qui porte le nombre
d'exemplaires à tirer; que la direction de la librairie refusât toute déclaration qui ne porterait pas ces deux signatures.

Cette déclaration ferait foi du tirage, et empêcherait nécessairement
l'imprimeur de tirer au delà du nombre convenu, car il deviendrait complice d'un dol, duquel il est innocent aujourd'hui quand il y participe.

Messieurs les libraires s'en sont offensés, ils nous ont dénié le droit de
mettre devant la Chambre tout un commerce en suspicion de fraude.

Messieurs, l'objet des lois est de prévenir les délits. La pensée
d'une loi qui rendrait impossible une partie des délits actuels suffirait
à immortaliser un homme. Or, la disposition réclamée par la Société des
gens de lettres rend le délit si difficile qu'il sera presque impossible :
jamais un imprimeur ne se prêtera sciemment à une fraude.

Nous avons reconnu qu'aujourd'hui l'imprimeur était toujours, dans ce
cas, un complice innocent. Nous avons prouvé péremptoirement que l'auteur était presque dans l'impuissance de vérifier si le tirage se faisait selon
les conventions, car tous les ouvrages ne s'impriment pas sous les yeux
de l'auteur. Nous avons démontré la presque impossibilité de signer tous
les exemplaires d'une édition. Imaginez-vous le temps de MM. Hugo,
Béranger, Lamartine, employé à signer dix mille volumes par an, trente
mille si la contrefaçon n'existait pas.

Remarquez, Messieurs, que ce délit est plus grave que celui de la
contrefaçon, et que d'ailleurs il l'implique. D'abord, il emporte abus de

confiance. Cet abus de confiance a eu lieu souvent, il est d'un bon législateur d'y mettre une barrière par une disposition. Enfin la lésion pécuniaire qui résulte de cette fraude est peu de chose comparée au tort que cause le retard de la réimpression. La fréquence des éditions est un si grand stimulant de vente, que les libraires font souvent d'un seul tirage plusieurs éditions, fraude innocente qui ne trompe plus personne.

Enfin, quelle est la loi de douanes qui ne met pas tout le commerce français en suspicion de fraude?

Cette question de probité tombe d'ailleurs devant l'observation suivante.

Il y a de probes et d'improbes libraires, comme il y a dans toutes les classes de la société des gens probes et improbes. Il se rencontre des gens de lettres qui n'exécutent pas leurs contrats. Hélas! Messieurs, la nécessité les force souvent à engager leur cerveau, en promettant de faire un ouvrage dans un temps donné. Ce contrat, nul et fou mais très-usité, est le seul grief de la librairie contre les gens de lettres. Peut-être fut-il souvent aussi bien engendré par l'avidité de l'exploitant que par le besoin du poëte. Savez-vous, Messieurs, qu'en pareil cas, les tribunaux, faute d'une loi, condamnent les gens de lettres à des dommages-intérêts qui surpassent, non pas le bénéfice, mais la valeur totale de l'ouvrage fabriqué? Peut-être la loi devrait-elle interdire un pareil contrat. Mais l'auteur n'exécutant pas, par le refus d'une puissance de laquelle il n'est pas le maître, l'imagination, une œuvre littéraire dans un temps donné, peut-il se comparer, comme manque de foi, au libraire qui fraude un contrat dans son exécution matérielle?

Enfin, les libraires n'ont rien à répondre à ce dilemme : les libraires honnêtes gens sont entièrement désintéressés dans cette question et doivent la désirer, car elle n'atteint que les gens improbes. Je puis affirmer que beaucoup de libraires désirent cette mesure, qui les mettra désormais à l'abri des soupçons que l'opinion publique fait peser sur le commerce entier.

L'imprimeur exerce une profession qui exige d'énormes capitaux, comparativement à ceux du libraire. Il offre une garantie certaine de l'exécution des contrats dont il est le metteur en œuvre. Cette disposition de la loi préviendra les procès scandaleux que nous avons vus, et que les tribunaux ne peuvent pas souvent juger, faute de preuves.

Dans le but de concilier l'intérêt public, qu'on croit intéressé à
l'exhérédation des auteurs, et l'intérêt de leurs familles, des hommes remarquables par leurs connaissances et par leur esprit, ont proposé, Messieurs, le système assez décevant d'une rédevance à payer par le libraire
qui profiterait de la licence donnée à tous de réimprimer les œuvres d'un
auteur mort.

Ce système, qui supprime le mot *propriété*, et qui laisse de justes
bénéfices aux familles, offre de tels inconvénients, que vous l'allez
trouver impraticable.

La propriété se résolvant par des droits utiles et variables, et n'é-
tant plus dès lors licitable, donne lieu précisément, pour la répartition
des profits, à cette convocation des héritiers qui semble impossible. En
effet, s'il est facile de trouver la maison de Bourbon, à qui profiteraient
les œuvres de Louis XI (*les Cent Nouvelles nouvelles*, que réimprime
en ce moment la maison Paulin), et les œuvres de la reine de Navarre,
dans le cas où la propriété littéraire eût été constituée à son origine?
il n'en serait pas ainsi pour toutes les familles d'auteurs : on trouve-
rait difficilement les héritiers des Évangélistes.

Aussi, entendez-vous alors parler de l'érection d'une caisse publique
et d'institutions philanthropiques qui aboutiraient au spectacle étrange
de gens antipathiques à la littérature faisant les affaires de la littérature,
comme nous voyons aujourd'hui beaucoup de places littéraires occu-
pées par des gens totalement étrangers aux lettres. Mais examinons ce
système dans son application. Comment asseoir la redevance?

L'un de ces publicistes, dans un but louable, celui de trancher la
question, a proposé de déclarer que la redevance serait du dixième du
prix coté pour le prix d'achat.

Mais on n'a pas donné les moyens de fixer un prix d'achat. Fixer
le prix d'achat en fait de marchandise! Eh! ce serait résoudre le problème insoluble dont s'occupe le commerce depuis son existence! Ce
serait vouloir organiser le vent et maîtriser la mer.

Un livre est une marchandise. Dans ce système, vous admettez une
concurrence effrénée; il s'ensuit que, quand un livre, primitivement coté

dix francs, tomberait à un franc, les libraires rentreraient à peine dans la redevance et feraient des pertes énormes. Ce système égorgerait les libraires qui, dans le domaine privé, se trouvent (heureusement) restreints à leurs propres illusions. Dans ce commerce, par des causes indépendantes de la volonté du commerçant, il vit sous la loi de cette cruelle alternative : une rame de papier noirci vaut cinquante francs ou cent sous! La propriété perpétuelle aura, pour la librairie, cet admirable résultat que, quant aux livres des hommes de génie, le prix de la rame de papier noirci conservera nécessairement sa valeur. L'alternative dont je parle n'aura plus lieu que sur les livres contemporains.

Allons plus loin. Ce système serait la mort d'une des plus belles choses dont s'honore l'esprit humain : la typographie. On mettrait les œuvres de MM. de Lamartine Hugo, Chateaubriant, en deux volumes, au prix de dix francs. L'éditeur, à un franc de droit par volume, paierait deux francs. Vous comprenez qu'alors l'édition sera compacte. Les Didot, les Alde, les Plantin futurs voudraient faire une belle édition. Selon les lois de la typographie, elle aurait dix volumes, et le prix de chaque serait de six francs, au total soixante francs : ils paieraient six francs! Ainsi l'éditeur, pour qui le droit devrait être léger et qu'on devrait favoriser, serait écrasé; tandis que l'éditeur qui fabriquerait les produits inférieurs aurait le droit de réimpression à vil prix.

Renversez-vous la question? Vous tuez les éditions compactes qui rendent des services en introduisant les œuvres de l'esprit humain dans les dernières zones sociales par la modicité de leurs prix.

Si l'on voulait appliquer ce système spécieux et appuyé par des hommes célèbres, quoiqu'il attaque nominativement le droit de propriété, il faudrait faire porter la redevance sur le mille de lettres, qui, en typographie, est le point de départ des comptes de fabrication. Mais, d'abord, je crois ce système, rendu plus rationnel ainsi, indigne de la majesté des lois, et d'une impitoyable fiscalité qui répugne à la noblesse des lettres. Le contrat entre les représentants de l'auteur et les libraires doit se modifier selon les circonstances.

Continuons! Si, par ce mode de répartition, vous tranchez la difficulté *de contenance,* celle du *contenu* n'est pas résolue. Il reste la différence des papiers. La question typographique se représente avec le papier à soixante, à quarante, à vingt francs, et le papier à sept francs la rame. Nous savons aujourd'hui que le tirage et la composition ne sont

presque rien, comparativement au coût du papier. Le papier est maintenant toute la librairie. La Chambre ignore peut-être que la France fabrique le papier au-dessous du *prix de tous les états du continent.*
Malgré les droits dont il est frappé par les douanes et la cherté du trans-
port, l'Allemagne fait venir beaucoup de papier français. Quelle raison
de donner de la stabilité, de la protection, une attention spéciale à la
librairie française! Mais, ce que la Chambre ignore certainement, c'est
que, pour confectionner une véritable belle édition, il faut du papier *dit
de Hollande,* c'est-à-dire du papier composé de chiffons de lin exclu-
sivement: il est le seul qui résiste au temps et à l'usage. Quand le
peuple a jeté dans la Seine la magnifique bibliothèque religieuse de
l'archevêché, un in-folio de la belle édition des Pères de l'Église eût été
jusqu'à Rouen sans que le papier fût altéré; mais il n'est pas un libraire qui ne vous affirme qu'un livre moderne eût été réduit en bouillie
dès le Pont-Neuf.

Or, sur aucun point du globe il ne se fabrique du papier dit de Hollande. Quand l'ÉTAT a voulu faire une belle publication, il n'a pu en
obtenir en France. Aujourd'hui la rame de papier de Hollande, si quelque fabricant consentait à en fabriquer, reviendrait à *cent francs* la
rame. Ne sentez-vous pas, devant cet état de choses, la nécessité de laisser la propriété perpétuelle? Évidemment il faudra un contrat particulier,
des garanties et des avantages au libraire qui entreprendrait d'éditer un
auteur illustre sur du papier de Hollande. Il serait même d'intérêt public et national que l'État eût une fabrique de papier de lin, comme il a
les Gobelins. Cette manufacture, qui devrait dépendre de l'imprimerie
royale, est une nécessité voulue par notre supériorité typographique et
littéraire. Sans cette manufacture, des éditions comme celle du Buffon
de l'imprimerie royale sont impossibles.

Je n'hésite donc pas à regarder le système de la redevance comme absolument impossible à établir.

Agréez, Messieurs, l'expression de mon respect.

DE BALZAC.

Paris, 5 mars 1841.

Typographie SCHNEIDER et LANGRAND, rue d'Erfurth, 1.

9 782329 658568